Baron de BONNAULT D'HOUËT

LES DÉBUTS
DU JANSÉNISME

dans le Diocèse d'Amiens

ABBEVILLE

IMPRIMERIE F. PAILLART

1922

LES DÉBUTS DU JANSÉNISME

Dans le diocèse d'Amiens

Par le Baron DE BONNAULT D'HOUËT

Au point de vue historique, le seul qu'il nous soit permis d'envisager, le jansénisme n'est pas renfermé tout entier dans les cinq fameuses propositions condamnées par le pape Innocent X. Réduit à une simple querelle théologique, il aurait pu émouvoir Byzance, il n'aurait pas passionné Paris et troublé la France. Qui se serait inquiété des diverses sortes de grâce, surtout s'il devait en chercher la distinction dans le lourd in-folio de l'*Augustinus* ? Et le français de Saint-Cyran n'est guère moins indigeste que le latin de Jansénius.

Mais aux erreurs doctrinales s'ajoutaient, ou mieux d'elles découlaient, certaines tendances qui devaient faire la fortune des nouveaux hérétiques. En combattant l'autorité du pape, ils ralliaient à eux les gallicans ; en réduisant le pouvoir des évêques, ils flattaient l'amour-propre des curés et satisfaisaient leur jalousie en excluant les religieux du ministère paroissial ; aux simples fidèles, ils en imposaient par la sévérité outrée dont, nouveaux pharisiens, ils faisaient profession, à une époque où régnaient le désordre et la licence, triste fruit des guerres religieuses. Nulle mesure ne semblait trop énergique et trop dure pour ramener l'ordre et la décence. Aux convertis, et jamais ils ne furent plus nombreux et plus marquants, la règle janséniste s'offrait comme la voie la plus rude, partant la plus sûre. La très réelle vertu de ces austères pénitents, cautionnant leur doctrine, devait la rendre plus dangereuse. A ceux au contraire, comme le cardinal de Retz, qui avaient à faire oublier leurs vices, elle conférait une respectabilité assurée. Aux délicats, qui désiraient seulement réformer des mœurs grossières, elle se donnait comme une alliée de plus hautes visées mais naturelle, et c'est ainsi que les jansénistes allaient collaborer avec les Précieuses. Leur succès fut surprenant auprès des femmes. Jamais on ne les vit aussi passionnées pour la théologie. Il était de mode d'en parler sous peine de paraître ignorantes, et à discourir ainsi, elles passaient aisément pour savantes aux oreilles de ceux qui ne les entendaient pas. L'ancienne Loi avait eu ses patriarches, la nouvelle Église aura ses matriarches. Enfin, comme tout ce qui doit réussir, les idées de Jansénius étaient dans l'air avant d'être formulées.

Jansénius mourut le 6 mai 1638 ; l'*Augustinus* ne fut publié à Louvain par Fromont et Calamus qu'en 1640 ; peu après une nouvelle édition fut imprimée à Paris et la bulle de condamnation d'Urbain VIII est du 6 mars 1643. Jusque-là l'ouvrage avait eu peu de succès, il avait besoin d'un interprète habile. Ce fût Arnaud qui donna en 1643 *La Fréquente Communion*. On verra dans ce récit que les idées jansénistes n'avaient pas attendu cette date pour agiter notre pays.

Sous des apparences adoucies et trompeuses, le vieil esprit de Calvin reparaît orgueilleux et sombre, brisant l'unité catholique en se séparant de Rome, ruinant la vie religieuse par l'abstention des sacrements, supprimant les œuvres en niant leur efficacité, fermant la porte au repentir par l'exagération de la pénitence, desséchant les âmes par un fatalisme implacable. Etrange contradiction ! Ces orgueilleux, avec leurs théories sur la prédestination, enlèvent à l'homme son plus beau titre de noblesse, la liberté ; un de leurs livres les plus célèbres, comme *La Fréquente Communion* a pour but d'en éloigner les fidèles.

Qui pouvait au début prévoir le mal qu'allait faire cette nouvelle secte ? La sévérité de Richelieu pour Saint-Cyran dut paraître exagérée et même suspecte d'arrière-pensée politique. Comment blâmer et poursuivre des gens qui, loin de vouloir sortir de l'Église, s'en déclarent les fils les plus zélés, les plus sévères observateurs de ses règles, jurent n'avoir jamais formulé les erreurs qu'on leur reproche, fuyent le monde à l'exemple des premiers solitaires, s'adonnent à l'éducation des enfants, aux plus humbles travaux, et n'ont d'autre ambition que de ramener l'Église à sa vie primitive. Comment leur reprocher ces idées de réforme, quand un Bérulle et un Vincent de Paul la proclament nécessaire pour le clergé, quand tant d'ordres religieux, comme les Carmélites et les Bénédictins, s'honorent d'avoir pu se réformer, quand Rancé va fonder la Trappe ?

A la lueur des événements, la sévérité du grand cardinal nous semble une nouvelle preuve de sa perspicacité. Cette secte ne prétend rester dans le sein de l'Église que pour mieux le déchirer. Elle divise évêques, prêtres et fidèles, oppose oratoriens à jésuites, envahit le parlement et le porte à de ridicules intrusions dans le domaine religieux, en même temps qu'à une opposition égoïste contre le pouvoir royal. Depuis la Fronde, elle est un perpétuel ferment de discorde et le lien de tous les mécontents. Plus tard elle livrera aux incrédules et aux philosophes les âmes déshabituées des pratiques religieuses. La suppression des jésuites sera la revanche de Port-Royal dispersé, revanche qui se poursuivra par la Constitution civile du clergé et s'achèvera par la ruine de la religion et de la monarchie. Dans la discussion de la Constitution civile du clergé, Camus se fera à plusieurs reprises l'interprète des rancunes jansénistes. Cet ancien avocat du clergé était cependant un homme intègre, de science très réelle, outre cela très vertueux mais d'une vertu à faire regretter le vice. Vengeur de ceux que dans sa jeunesse il avait vus persécutés, il ne poursuivait dans les décrets nouveaux que la confusion de la papauté ; et dans son ardeur à dépouiller Rome, il était prêt à jeter en pâture à la puissance séculière tout ce qu'il ravissait à l'autorité sacrée [1].

C'est ainsi qu'au jugement de graves historiens, le jansénisme, auteur de maux dont nous souffrons encore, passe de la théologie dans l'histoire.

---

1. P. DE LA GORCE, *Histoire religieuse de la Révolution*, I, 224.

Ne serions-nous pas guidés par notre prédilection pour notre province, nous ne pourrions choisir un meilleur cadre pour étudier les débuts du jansénisme, car, au dire du P. Rapin, le diocèse d'Amiens en fut infecté des premiers [1].

L'évêque d'Amiens était alors François le Fèvre de Caumartin, né vers 1592, à Amiens. Son père y avait été envoyé, non pas, comme on l'a dit, avec le titre d'intendant de Picardie (les intendants ne furent créés par Richelieu qu'en 1635), mais il en avait les pouvoirs, les garda trente-deux ans et mourut garde des sceaux, le 21 janvier 1623. Il appartenait à une de ces familles de petite bourgeoisie grandies peu à peu par le travail et l'économie, initiées aux affaires par les charges locales, familles fécondes et saines où la royauté recrutait de préférence ses ministres, sûre d'y trouver des serviteurs laborieux et expérimentés que leur modeste origine tiendrait à l'écart des intrigues des grands. Ces nobles parvenus ont eu presque tous la faiblesse de rougir de leur point de départ et des généalogistes complaisants ont dû leur trouver de lointains et illustres ancêtres. La vérité fait mieux ressortir le mérite de leur ascension et c'est les honorer que d'en marquer les degrés, comme nous allons le faire.

L'arrière-grand-père du garde des sceaux, le premier auteur connu, Jean Ier le Fèvre, originaire du Ponthieu, peut-être de Saint-Riquier, vint se fixer à Abbeville où il épousa la fille du tanneur Pierre

---

1. *Mémoires*, I, 50.

Rohaut. Il habitait la maison de l'Asne rayé, rue du Puits à la Chaisne, paroisse Saint-Georges et exerçait la fonction de procureur.

Son fils Jean II commence l'ascension. Il est contrôleur au grenier à sel d'Abbeville, en 1542, et rend hommage au roi pour diverses seigneuries. De sa première femme, Colaye Bigant, morte en 1533, il n'a que des filles ; mais toutes quatre entrent dans des familles honorablement connues : du Gard, le Blond, du Bois, des Essarts. La seconde femme de Jean II, Marie aux Cousteaux, est fille d'une Sacquespée. Elle lui donna quatre garçons et deux filles.

Le fils aîné, Jean III, seigneur de Caumartin, est général des finances en Picardie ; son cadet Antoine, seigneur de Guibermesnil et de Moyenneville, crée une nouvelle branche dont nous n'avons pas à nous occuper ; le troisième, Firmin, est chanoine ; le quatrième, Jacques, simplement qualifié marchand. Leurs sœurs Marie et Madeleine épousent, l'une Guillaume Manessier puis Bon du Feu, l'autre Claude Morel, maieur de Péronne [1].

L'aîné Jean III, marié en 1548 à Marie Warlet, a pour fils Louis le Fèvre de Caumartin, successivement maître des requêtes, administrateur de la Picardie, négociateur auprès de Marguerite de Valois pour l'annulation de son mariage, ambassadeur en Suisse, garde des sceaux de France, l'illustration de la famille.

1. FERNAND DU GROSRIERS, Cabinet historique de l'Artois et de la Picardie, de novembre 1886. — P. ANSELME, Exemplaire de la bibl. de Mérélessart, annoté par l'érudit abbevillois Delignières de Bommy.

C'est à ce père haut placé et bien en cour, que François le Fèvre de Caumartin dut d'être, à 21 ans, coadjuteur d'Amiens avec future succession. Il se trouvait à Rome, où le pape Paul V l'avait nommé évêque *in partibus* d'Hiéropolis en Phrygie, quand il apprit la mort de Mgr de la Marthonie, 17 décembre 1617. De retour en France, il fut sacré le 23 mars 1618 et fit son entrée à Amiens avec tout le cérémonial habituel, escorté de cent vingt gentilshommes, le dimanche 1er juillet 1618. A cette occasion, notre vieil historien, le chanoine La Morlière, composa treize sonnets qu'il n'a pas négligé d'insérer dans ses *Antiquités et choses plus remarquables de la ville d'Amiens*. Sacrifiant au mauvais goût de l'époque, engoué de mythologie au point de l'introduire dans le sanctuaire, il évoque la muse Calliope pour personnifier l'église d'Amiens souhaitant la bienvenue à son nouveau pasteur. Inutile de citer ces vers qui n'ajoutent rien aux mérites du bon chanoine. Il aurait dû laisser Calliope en paix et se contenter de courtiser Clio, et encore !

A l'honneur du nouvel évêque, la plupart des historiens mentionnent ses efforts pour reformer l'abbaye de Saint-Quentin-en-l'Isle dont il était abbé commendataire, ses encouragements à la fondation de nombreuses maisons religieuses, l'établissement à Montdidier de la fête des saints patrons Lugle et Luglien, surtout sa stricte observance de la discipline ecclésiastique. Ils aiment à rappeler sa mansuétude à l'égard des habitants de Montreuil qui l'avaient gravement insulté.

Ainsi le jugent La Morlière, le P. Daire, les savants

auteurs de la *Gallia* et après eux le respectable
M. Soyez. Mais suivant le P. Rapin, peut-être suspect
à cause des démêlés de son ordre avec Mgr de Caumartin, le jeune évêque aurait mené « une vie peu
réglée par ses attachements à la marquise de Belle-
forière [1], et un prêtre flamand, Étienne Meister,
homme d'un zèle extraordinaire, lui inspira une telle
crainte des jugements de Dieu qu'il le tira de ses désordres » [2]. Si ce prêtre n'avait pas été avec M. Olier
et quelques autres missionnaires sous la sage direction du P. de Condren, on serait tenté de lui imputer
des tendances jansénistes qui n'apparaîtront que
trop chez le prélat, son pénitent. En tout cas, ce mis-
sionnaire jouissait d'un tel ascendant qu'il aurait
pu, disait-on, porter les habitants d'Amiens à tout,
même à se donner au roi d'Espagne, dont ce flamand
était le sujet. Ce n'était pas façon de parler et propos
en l'air, car Richelieu s'en émut au point d'en écrire
à M. de Bellejamme [3], intendant de Picardie qui n'eut
pas de peine à le rassurer. Le zèle des pieux missionnaires n'avait rien de politique, et durant cinq mois
ils purent l'exercer au profit des habitants d'Amiens,
avant de continuer leur œuvre à Montdidier.

L'évêque ne fut pas toujours aussi heureux dans le
choix de ses prédicateurs et il s'attira bien des ennuis
en appelant dans son diocèse deux gascons, Jean
Labadie et André Dabillon.

1. Judith de Mesme, mariée au lieutenant général en Picardie,
frère cadet du marquis de Soyecourt.

2. *Mémoires*, I, 50.

3. Louis le Maistre de Bellejamme, intendant de Picardie de 1636
à 1643. C'est lui qui présida le procès de Saint-Preuil.

Jean Labadie naquit le 13 février 1610 à Bourg-en-Guyenne, petite forteresse où son père commandait en qualité de lieutenant. Simple lieutenant de fortune, comme on disait alors, il se prétendait fils d'Henri IV. Le jeune Labadie, élevé chez les jésuites à Bordeaux, les charma par son intelligence et ses heureuses dispositions. De bonne heure, il manifesta le désir d'entrer dans leur Compagnie, mais devant l'opposition de son père il dut attendre sa mort. Durant une quinzaine d'années, il enseigna la rhétorique et la philosophie, prêcha également avec succès. Malheureusement son caractère n'était pas à la hauteur de ses talents et son imagination surexcitée par un orgueil excessif l'entraîna à toutes sortes de folies. Il se prétendit favorisé de visions et de révélations, se crut un précurseur, un nouveau Jean-Baptiste, ne voulut plus se nourrir que d'herbes et ses jeûnes excessifs, en altérant sa santé, exaltèrent encore son imagination en délire. Au sortir d'une longue maladie, il entraîne son médecin dans la chapelle et là, debout sur les marches de l'autel, il lui déclare : « Mon cher, je vous ay celé jusques à présent un secret de la dernière importance que je vais vous révéler. Je suis envoyé de Dieu pour convertir le monde. J'ay ordre de sa part de choisir des apôtres pour m'aider dans un si grand dessein. Vous êtes le premier que je choisis. » Ce médecin, originaire du Périgord, éprouva, dit-on, une telle joie qu'il devint fou et s'enrôla dans la troupe qui suivra Labadie comme un nouveau prophète. Un tel homme ne convenait guère aux jésuites, si mesurés et si prudents, aussi ai-je peine à croire qu'ils aient fait pour le garder les efforts qu'on leur prête et même qu'on leur reproche [1]. Le 17 avril 1639, ils lui donnèrent son congé, *ob invaletudinem*. Le motif est à retenir ; s'il n'est pas dû uniquement à la prudente discrétion des supérieurs, il sera la meilleure excuse de ce malheureux, autant que peut l'être un état morbide causé par l'orgueil et d'autres vices moins avouables.

Labadie n'avait pas encore trente ans et, contrairement à l'usage des jésuites, il était déjà prêtre, au dire de ses biographes. Seul Haag le nie [2] ; mais nous savons qu'il fut ordonné par l'évêque de Bazas et nous ne voyons pas à quel moment il aurait pu l'être, après sa sortie de la Compagnie de Jésus, suivie de son départ pour d'autres provinces où il agit en prêtre.

Il aurait voulu rester à Bordeaux et y prêcher, mais le recteur des Jésuites, le P. de Chazes, l'en empêche. Il vient à Paris, de tous temps refuge des déclassés et des ambitieux pour refaire leur vie et pousser leur fortune. Il frappe d'abord à la porte de l'Oratoire, mais le P. de Condren, second général de la congrégation, qui se connaissait en hommes, refuse de le recevoir. Labadie se tourne vers Port-Royal et là encore il éprouve des déboires. Après avoir espéré la cure de Saint-Méry (il est donc déjà prêtre), il se voit préférer le fameux Duhamel [3], l'auteur des pénitences publiques.

---

1. Voir *Biographie de Didot*, art. Labardie .

2. *La France protestante* : art. Labadie.

3. Mort le 13 novembre 1682 et enterré à Saint-Maurice, son ancienne paroisse, suivant un calendrier janséniste composé à Aix en 1706. Bibl. de Marseille, ms. Eb 226.

C'est alors qu'il fut recueilli par l'évêque d'Amiens.
Voulut-il le consoler de son échec ? Mgr de Caumartin
avait pu être consulté pour le choix du curé de Saint-
Méry ; c'était presque sa paroisse, puisque durant
ses fréquents séjours à Paris il logeait chez sa mère
Madame le garde des sceaux, au cloître Saint-Méry.
Fut-il simplement charmé pour l'avoir entendu prêcher ? A un remarquable talent de parole, Labadie
joignait un don de séduction vraiment merveilleux.
A ce propos, le P. Rapin cite l'abbé de Bourgis,
doyen de l'Académie française, que Labadie cajola
si bien qu'il lui inspira la plus haute idée de son
mérite. Il en séduisit bien d'autres et avec de plus
graves conséquences. Nous ne le verrons que trop.
Toujours est-il que l'évêque d'Amiens l'emmena
alors dans son diocèse, et pour se l'attacher le nomma
chanoine prébendé de Saint-Nicolas [1].

Les débuts de Labadie à Amiens furent édifiants.
Il fonda sous le vocable de sainte Madeleine une
confrérie de filles dont l'évêque s'empressa d'approu-
ver les statuts. Dès 1640, il publiait l'*Introduction
à la piété dans les mystères, paroles et cérémonies de
la messe* et en 1642 les *Odes sacrées sur le très adorable
et auguste mystère du Saint-Sacrement de l'autel.*
Il ne m'appartient pas de juger la valeur théologique
de ces ouvrages, mais leurs titres seuls témoignent
de la piété de l'auteur, au moins en apparence.

1. Collégiale fondée en 1073 par Dreux, évêque de Thérouanne,
comprenant huit canonicats à la nomination de l'évêque, d'un
revenu de 500 livres chacun. Ces chanoines avaient leurs places dans
le chœur de la cathédrale du côté gauche. — P. DAIRE, *Hist. d'Amiens.*
Suivant DARSY, *Bénéfices de l'église d'Amiens,* l'ensemble des huit
canonicats, en 1730, ne dépassait pas 1.210 livres.

Entre temps, il fut rejoint à Amiens par un compatriote, son ancien confrère chez les Jésuites de Bordeaux, André Dabillon qui, entraîné par son exemple ou peut-être répondant à son appel, quitta la Compagnie le 5 avril 1641, avec un exeat assez vague : *Justis de causis.*

Tous deux prêchaient sans cesse dans la cathédrale et dans les autres églises de la ville. La recommandation de l'évêque, la protection du duc de Chaulnes, gouverneur de la province, la curiosité surtout, qui s'attache aux nouveaux venus principalement aux étrangers, attiraient un nombreux auditoire que retenait le talent réel des prédicateurs. Ce n'était pas cependant sans une certaine inquiétude qu'on les entendait avancer que la confession, avec la simple attrition, ne suffit pas à remettre les péchés ; qu'il n'y a qu'une grâce efficace et en même temps irrésistible ; qu'il n'est pas toujours possible d'éviter le péché ; et surtout que Jésus-Christ n'est pas mort pour tous les hommes.

Au sortir des sermons, s'élevaient d'ardentes discussions qui brouillaient les familles, les maris avec leurs femmes, les parents avec les enfants, entre eux les meilleurs amis. L'évêque, souvent absent et abusé par la faconde des Gascons, ne voyait pas le mal. Son chapitre, avec lequel il était en luttes continuelles, n'était pas moins divisé. Le plus grand nombre suivait son doyen, Pierre de Louvencourt [1], représentant d'une sévère orthodoxie, tandis que les autres, plus désireux de se concilier les faveurs épis-

1. Né à Amiens d'une famille bien connue dans la province, doyen du chapitre (20 octobre 1627), mort (14 septembre 1652).

copales, se rangeaient derrière le grand vicaire François Barboteau [1], bras droit de l'évêque dont il défendait les prérogatives, avec plus d'ardeur que de prudence et auquel il avait prêté de l'argent pour sa maison de Montières. Tout différent était l'autre grand vicaire, Gabriel de Nail [2], un Tourangeau doux et craintif, qui aurait voulu contenter tout le monde et ne s'entendait pas avec son collègue. Au milieu de toutes ces divisions, le naturel de nos compatriotes, d'ordinaire froid et peu enclin aux nouveautés, s'échauffait et l'on pouvait craindre les pires violences.

Nous en trouvons l'aveu dans une lettre de Labadie adressée à l'évêque alors à Paris, en séjour chez sa mère, et datée d'Amiens, le 2 novembre 1640. Comme cette lettre devait lui être remise par le grand vicaire Barboteau, elle commence ainsi : « Il n'est pas besoin que je vous escrive pour vous rendre compte de tout ce qui se passe, mais bien pour m'acquiter de tout mon debvoir en votre endroit, et tout ensemble me donner la consolation de vous offrir tousjours la continuation de mes petits services en votre maison, qui est la maison de Dieu plus que la vostre, son troupeau dont il vous a fait pasteur et sa famille dont il vous a constitué tout ensemble et dispensateur et père ».

Ce n'est là qu'une précaution épistolaire, bien

---

1. François Barboteau, grand chantre et vicaire général en 1638, prévôt du chapitre en 1642, official en 1644, aumônier du roi, mort à Amiens le 9 décembre 1660.

2. Gabriel de Nail, originaire de Touraine, docteur en Sorbonne, théologal et vicaire général, grand chantre en 1642, mort en 1645.

faite pour se conserver la faveur du pontife. Les détails vont suivre. L'épidémie qui sévit alors à Amiens fait beaucoup de victimes et Labadie n'en prévoit pas la fin. « Plus nous allons avant, écrit-il, plus on nous écoute, plus le monde suit et paroist touché, plus plaist à Dieu d'en faire voir les témoignages et parmi les sains et parmi les malades, que nous voyons en grand nombre et dont quelques-uns rendent leur esprit entre nos pauvres mains indignes sans doute d'un tel office ».

C'est ainsi qu'il a fermé les yeux au conseiller de l'Estau « auquel Dieu semble avoir fait quelque miséricorde ». Cette nuit même, il a été appelé auprès de M. Louvel, curé de Saint-Rémi qui, malgré un mieux surprenant, lui semble perdu à bref délai. Labadie se trompe et l'on pourrait croire que cette éventualité n'était pas pour le chagriner, mais le malade a pu croire sa fin prochaine, car c'est en cette année 1640 que M. Louvel dota la ville d'Amiens d'une maison hospitalière, première ébauche de l'hôpital général [1], mais il ne mourut qu'en 1649. Ce prêtre charitable portait aussi beaucoup d'intérêt au séminaire, Labadie voudrait l'en éloigner et même lui faire abandonner sa cure. « Sans cela, ajoute-t-il, il n'y a pas apparence que les messieurs qui sont avec moy veulent demeurer toujours comme l'oyseau sur la branche, subir sa conduite, dépendre de sa santé… Je loue

---

1. Achat de deux maisons contiguës sises rue de Beauvais, par Antoine Louvel, sr de Marconnelles, curé de Saint-Remi, le 26 mai 1640 ; données par lui le 16 février 1641 pour établir, sous le titre de Saint-Charles Borromée et de Sainte-Anne, un hôpital à l'instar de celui de la Charité de Lyon ; fondation approuvée par l'évêque le 11 avril 1641. (Arch. de la Somme, v. 79.)

Dieu que nous demeurons cependant tous en grande paix, quoique nous souffrions assés en toutes manières, espérant que Dieu achèvera ce qu'il a commencé, nonobstant toutes les divisions qu'on tasche d'en faire... qui est la considération qui a retenu quelques-uns de se retirer afin, qu'on n'ayt pas sujet de nous en attribuer la faute ».

Le curé de Saint-Remi n'est pas l'adversaire le plus redoutable. Il en est d'autres que Labadie désigne, avec plus de clarté que d'intelligence, quand il écrit : « C'est là tousjours le train de tascher de nous calomnier et descrier et ce, dit-on, par des personnes qui me devraient aymer ». S'il vise ses anciens confrères de la Compagnie de Jésus, comment peut-il oublier qu'il n'y a pas de haine plus forte que celle des frères ennemis ? Quels qu'ils soient, « les bruits qu'ils sèment sont plaisants et sont autant méprisables à qui Dieu fait grâce, qu'ils sont piquants et aigres en eux-mesmes. Dieu les bénisse et fasse, s'il lui plaist, que le mal qu'ils disent et diront de moy n'y soit jamais. Mon plus grand souci là-dedans n'est pas de m'y voir touché, mais bien la crainte que j'ay, Monseigneur, qu'il ne vous touche et qu'en effet il ne fasse quelque impression sur vous, qui retarde ou détruise l'œuvre de Dieu. Il nous faut estre but à toutes flesches et icy et ailleurs et partout où nous voudra la Providence. Seulement désire-je Monseigneur, que vous n'en souffriez pas et que je ne vous sois pas à charge. Laissez le pauvre esclave de Dieu à son maître et son disciple indigne à sa croix aymable » [1].

1. Bibl. de la ville d'Amiens, ms., liasse 1022, n° 2.

Peut-être ai-je fait la part trop large à cette phraséologie pieuse ? mais elle nous aide à connaître l'homme qui tiendra une grande place dans ce récit ; et quand on sait ce qu'il deviendra, ces protestations d'humilité, de foi et de charité font sourire tristement. Mais comment l'évêque ne se serait-il pas laissé prendre à tant de vertus couronnées par un tel dévouement ! Il n'eut garde de se séparer d'un prédicateur aussi dévoué que pieux. Cependant justement inquiet à la lecture de cette lettre, plus amplement renseigné sans doute par Barboteau, il manda près de lui le chanoine de Saint-Nicolas. Nous n'avons pas le récit de l'entretien, mais nous devons supposer que Labadie renouvela ses offres de retraite, si bien que craignant de les voir accepter, de retour à Amiens, il écrivit à l'évêque le 23 novembre 1640 :

« Après avoir pensé à tout ce qui a servi d'occasion au voyage de Paris... me voyant si fort rebuté des humains:.. vous savez à quoy je m'estois bien simplement résolu. Mais depuis, la Providence a permis que beaucoup de choses, que je ne vous peux pas escrire, se descouvrissent de deçà, à raison desquelles beaucoup de personnes, qui sont à Dieu et auxqueles je dois déférer, me forcent à m'exposer plutost à tout ce que Dieu permettra à l'envie et à la calomnie de faire sur moy, comme sur une pauvre et chetive victime, qu'à suivre autre voye. C'est pourquoy, Monseigneur, je demeureray ferme, s'il vous plaist, à mon poteau, tout seul et tout délaissé que je suis, soufrant les fleches qu'on me voudra décocher... Je serai délaissé, décrié, tenu fol, interdit et peut-

être pis. Patience j'ay mérité cela et davantage...
Vous m'abandonnerez à la merci de ceux qui n'aten-
dent autre chose. Vous y serés obligé par beaucoup
de justes raisons... Il n'est pas bon qu'un homme
comme vous soufriés et soyes regardé autrement
que vous ne mérités pour un homme comme moy,
un chien mort... Quant à l'Advent de Montdidier,
disposés-en comme il vous plaira, je n'ay jamais
voulu, ni n'auray d'employ que celuy que vous aurés
voulu et voudrés en votre diocèse, prest à n'en avoir
aucun quand vous le trouverés bon... S'il arrive du
descri pour moy, que cette chaire et tout employ
me soit osté... Enfin, Monseigneur, je ne vous demande qu'une grâce qui est de vouloir vous mettre
en Dieu et en Jésus-Christ son Fils... et en une de
vos messes résoudre avec luy ce que vous aurés à faire.
espérant que vous ne trouverés pas mauvais que je
demeure coy à porter ma croix où Dieu me la
donne, attendant là-dessus quelque sorte de réponse... [1] »

Craignit-il d'être pris au mot avec ses offres de
retraite si atténués qu'ils fussent ? Dès le lendemain,
24 novembre, il écrit de nouveau à l'évêque :

« Plusieurs gens de bien et de vertu, aussi bien que
de sagesse ne trouvent pas bon que je me retire de
moy-mesme... Ceux qui semblent ne nous vouloir
pas trop de bien, avoient déjà chanté bien haut la
victoire et semé beaucoup de choses bien estranges
qui font compatir beaucoup de monde et se roidir
à juger qu'il faut que j'en voye la fin ».

1. Ms. 1022, n° 8.

2

Et il termine naturellement en renouvelant l'assurance de sa parfaite soumission aux ordres de celui qui « commande en la plus grande maison qui soit au monde, qui est l'Église en laquelle je désire toujours vivre et mourir, humble fils et esclave [1] ».

S'est-il souvenu de cette lettre, la dernière que nous ayons de lui, quand, apostat, il reprendra ce titre d'esclave pour le jeter, comme une insulte, à son passé et à l'Église qu'il trahit ?

Pour le moment, s'il reste *ferme à son poteau, but à toutes flèches*, il a pour porter sa croix la confiante faveur de l'évêque, au risque de compliquer une situation difficile, entre deux grands vicaires en complet désaccord, en face d'un chapitre hostile. Luttes mesquines alimentées surtout par l'amour-propre, que nous laisserions volontiers dans l'oubli comme étrangères à notre sujet, si en aigrissant les esprits, elles ne devaient pas aggraver les dissentiments en des matières plus importantes.

Ainsi l'évêque prétend obliger son chapitre à venir en corps le chercher en son palais épiscopal pour le conduire à la cathédrale, chaque fois qu'il doit officier, avec le doyen comme prêtre assistant et avec deux archidiacres pour diacre et sous-diacre. Seul, il peut donner la bénédiction au peuple, seul il doit être encensé.

Par contre, les chanoines lui reprochent de s'être fait élever un trône plus haut que l'autel et de n'avoir pas assisté le jour de Noël à la procession du matin Et l'évêque de répondre que cette nuit-là, après avoir

---

1. Ms. 1022, n° 4.

officié à matines et à laudes, chanté deux messes et donné la communion à de nombreux fidèles, il ne s'est couché qu'à 4 heures du matin. C'était au doyen de le remplacer à la procession, ou du moins aurait-il dû désigner pour cet office un chanoine-prêtre et non pas un simple vicarial. Dans ces tristes débats, les processions sont un perpétuel sujet de conflit. Pour celle de saint Marc, on demande des renseignements sur ce qui se passe dans les diocèses voisins et même éloignés [1]. Celle de l'Ascension, en 1641, provoque une véritable émeute et elle est d'autant plus curieuse que nous en avons la relation écrite le même jour par les deux grands-vicaires ennemis.

En cette année 1641, l'Ascension tombait le 9 mai. Dès le 16, de Nail écrivait au secrétaire de l'évêque qui l'avait suivi à Paris. Volontiers il se tairait sur le scandale qui a éclaté dans la cathédrale, au grand dommage de l'autorité épiscopale, mais il craint que son silence ne soit interprété comme une marque d'indifférence envers le pontife qu'il vénére. Le coupable, c'est M. Barboteau. Sur des renseignements donnés par le P. Camus, de l'Oratoire, au sujet de la grande procession qui a eu lieu à Noyon, il a voulu en organiser une semblable, en ne prévenant le doyen du chapitre que la veille de la fête, soit le mercredi, alors que dès le samedi précédent il avait convoqué les curés des paroisses. Aussi pour faire

---

1. Sens, Metz, Lyon, Montauban, Saint-Malo, Toul, Châlons-sur-Marne, Vannes, Poitiers, Meaux, Évreux, Orléans, Angers, Bordeaux, Boulogne, Senlis, Auxerre, Reims. (*Inventaire des Archives de la Somme*, V, 363-5.)

sortir la procession avec croix et bannières, il a fallu
l'intervention du duc de Chaulnes, gouverneur de
la province et encore, reconnaître qu'il n'y aurait pas
là un précédent qu'on pût invoquer contre l'autorité
du chapitre. C'est à ce même bras séculier qu'il a
fallu recourir pour faire rendre au grand-vicaire
Barboteau et au secrétaire Picard leurs places dans
le chœur, dont le chapitre voulait les priver ainsi
que de toute distribution pendant un mois. Aussi
le doux Tourangeau a beau jeu pour conclure :
« Ne valait-il pas mieux procéder comme à l'ordinaire, au lieu de remuer ciel et terre, et d'initier un
gouverneur à de tristes débats entre ecclésiastiques,
où l'on vit des chanoines accusés de n'être pas bons
serviteurs du Roy, pour avoir refusé de prier pour la
prospérité de ses armes, quand finalement on dut
reconnaître que l'évêque ne peut rien innover dans
les processions générales sans le consentement du
chapitre »[1].

Sous la plume de M. Barboteau, la version est
naturellement différente. Il ne nie pas l'intervention
du duc de Chaulnes, il convient même que sans lui
il aurait été emprisonné avec le secrétaire Picard,
mais il ajoute : « M. de Chaulnes est grand parleur
et fera valoir son action, mais il ne dira pas que nous
avons abandonné les droits de l'évêque... C'est ce
qui crève le cœur au chapitre que de trente lieues
de loin vous luy ayés donné la loy ». Et il signale
comme dignes de répression le doyen du chapitre

1. Ms. 1022, n° 5.

et le chanoine Lesieur qui osent prétendre que
l'évêque absent n'a pas d'autre vicaire que le doyen.
O insolence incroyable [1].

Ce déplorable conflit venait uniquement de ce que
le grand-vicaire avait convoqué indistinctement
les curés soumis à la juridiction du chapitre aussi
bien que ceux sous celle de l'évêque. Le chapitre
voulut empêcher les premiers de venir à la procession
et interdire aux seconds l'entrée de la cathédrale avec
croix et bannières [2].

Dans de pareilles dispositions, quels ferments de
discorde n'allaient pas faire germer les discours
de prédicateurs aussi passionnés que téméraires ?
Sans doute il ne faut pas prendre à la lettre les
écrits des contemporains exagérés et contradictoires.
L'un d'eux écrit : « Jamais depuis plusieurs siècles,
on a vu dans le diocèse d'Amiens tant de contradiction dans la doctrine de la foi que depuis cinq ans ».
On parle de séditions et même de meurtres. Un audi-
teur, affolé au sortir du sermon, se serait pendu
de désespoir ; ailleurs le fait est démenti. On
rencontre dans les rues nombre de gens qui pratiquent
la pénitence publique et par contre quantité de chape-
lets ont été jetés et retrouvés dans la Somme.

Justement inquiets de ces symptômes alarmants,
les magistrats demandèrent au recteur du collège des
jésuites, le P. de Feuguières [3], de réfuter en chaire

1. Liasse 1022, n° 21. Lettre datée du 16 mai, du même jour que
celle de de Nail. L'année n'est donc pas douteuse.

2. *Inventaire des Archives de la Somme*, V, 170-74.

3. Antoine de Feuguières, entré dans la Compagnie de Jésus
en 1613, professeur de philosophie, recteur de trois collèges, mort

les erreurs qui troublaient les cervelles. Le prédicateur du collège était alors le P. Christophe le Juge,
né à Paris en 1604, entré chez les Jésuites en 1624,
et qui, après six années de professorat, occupait
la chaire avec succès. Sur l'invitation de son supérieur, il fit, le dimanche de la quinquagésime 1644
(7 février), une réfutation des erreurs reprochées
à Labadie et à Dabillon.

Ce que fut son sermon ? il est difficile de le préci-
ser, en présence d'affirmations contradictoires, violent
à coup sûr et empreint de ces grossièretés, triste
héritage des prédicateurs de la Ligue dont la chaire
chrétienne ne s'était pas encore purifiée. Canaille,
radicaille, chiens, pourceaux, s'écria l'orateur ; ses
amis en conviennent, seulement, disent-ils, ces
apostrophes ne visent pas ses adversaires, mais
la foule ignorante assez téméraire pour vouloir
sonder les mystères les plus ardus de la grâce et de la
prédestination. Jésus-Christ lui-même n'a-t-il pas
dit : Ne donnez pas les choses saintes aux chiens
et les perles aux pourceaux ? S'il a parlé de nouveaux
Luther et Calvin, il n'a nommé personne.

Excuse médiocre. Nul ne s'y est trompé et Labadie lui-même a invité le peuple à venir à Saint-Leu,
où il prêchait, pour l'entendre réfuter son adversaire.

La guerre est déclarée, l'émotion à son comble.
Barboteau se hâte d'informer l'évêque alors chez
sa mère à Paris. Nous n'avons pas sa lettre. Mgr de

à Eu le 28 décembre 1668, renommé pour son dévouement à l'instruc-
tion des gens de campagne et au service des malades. (Note de Léon
Aubineau. Mém. du P. Rapin, I, 53.)

Caumartin s'empresse de revenir ; dès le 24 février il charge son official, c'est-à-dire Barboteau, de faire une enquête ; en même temps, il mande près de lui le P. de Feuguières dans l'espoir de régler l'affaire en douceur. Peu satisfait de cette première entrevue, il le convoque de nouveau, avec son prédicateur, pour le samedi 27 février 1644.

Le recteur vint accompagné du seul Père Leverin. Il trouva l'évêque entouré de plusieurs laïcs appelés là pour servir de témoins : Nicolas Dumont et Antoine de l'Estocq, conseillers au bailliage et siège présidial d'Amiens, Pierre Dairaines et François Mouret, échevins. Le seul ecclésiastique était Picard, secrétaire de l'évêché, ami de Barboteau.

A en juger par le procès-verbal de l'évêché, la réponse du recteur fut aussi jésuitique que possible, au mauvais sens du mot, et même incompréhensible. Il aurait déclaré qu'à sa connaissance aucun prédicateur dans le diocèse d'Amiens n'avait avancé de propositions hérétiques et que par suite son prédicateur n'avait pu formuler pareille accusation. Suivant le P. Rapin, « il répondit modestement qu'on avoit prêché dans l'église du collège la vérité et que sans une prévarication manifeste il ne pouvoit obliger le P. Le Juge à se rétracter ». Cependant suivant le procès-verbal, il aurait ajouté que le P. Le Juge, interrogé par lui, avait juré sur sa part de paradis qu'il ne tenait pour apostat ou hérétique aucun des prédicateurs employés par l'évêque, et qu'aller plus loin serait contre l'honneur de son ordre et le ferait blâmer par son provincial. Sans rien vouloir ajouter, les deux Jésuites se retirèrent.

Un tel langage est d'autant plus inexplicable, qu'au dire du P. Rapin le P. Le Juge n'avait prononcé son sermon que sur la demande des magistrats d'Amiens et que son recteur avait envoyé à la reine régente un résumé des erreurs professées par les deux prédicateurs. Le certificat d'orthodoxie ainsi donné ne pouvait avoir pour but que de se concilier la bienveillance de l'évêque et il ne devait ni le satisfaire ni le tromper, car Mgr de Caumartin ordonna au prédicateur, sous peine d'interdiction, d'avoir à formuler, le dimanche suivant, une rétractation publique à laquelle il assisterait.

Cette fois encore le bras séculier intervint. Sur la demande du P. de Feuguières, le duc de Chaulnes envoya son lieutenant et quelques soldats garder les abords du collège ; lui-même vint assister au sermon. Averti de ces mesures, l'évêque, intimidé, ne parut pas et le P. le Juge n'eut à faire aucune rétractation.

Impuissant à l'obtenir des jésuites, Mgr de Caumartin demanda à ses prédicateurs de désavouer les propositions qu'on leur attribuait à Paris et en d'autres diocèses, même dans celui d'Amiens, ainsi qu'il en avait été averti par ses confrères dans l'épiscopat et par d'autres personnes de qualité. Ces propositions, au nombre de quatorze, étaient elles celles envoyées à la reine par le P. de Feuguières ? La mention qui les termine me semble valoir une signature. On en jugera.

DOCTRINES PRESCHÉES DANS LES ÉGLISES D'AMIENS PAR LES SIEURS DE LABADIE ET DABILLON DURANT LE PRÉSENT CARESME.

1º L'attrition rend l'homme plus pecheur, quand en la pénitence elle n'est pas accompagnée de la vraye contrition.

2º Toute action faite en péché mortel est péché, mesme l'acte de foy.

3º Il n'y a qu'une pénitence non plus qu'un baptesme ; la confession mesme est nulle, si après on retourne aux mesmes pechez.

4º Dieu apelle les hommes en deux façons : les uns par la justice aux suplices éternelz, les autres par la miséricorde à la gloire.

5º Une marque assurée de la prédestination est de s'abstenir de la communion.

6º Il ne faut prier que Dieu seul et c'est badinage de dire le chapelet.

7º Les indulgences sont choses de néant.

8º il ne faut pas s'amuser aux images.

9º Nous n'avons autre liberté que les bienheureux et les damnez.

10º On ne peult retourner du péché à la grâce plus de quatre fois.

11º Je péche mortellement si je prends un office ou un bénéfice, sans veoir clairement et sensiblement que Dieu le veult.

12º On ne doibt permettre aux filles de faire vœu de religion avant l'aage de quarante-deux ans.

13º Chacun doibt lire la bible.

14° Depuis cent ans tous les prédicateurs ont celé la vérité.

Monsieur l'évesque d'Amiens veult interdire les Jésuites parce qu'ils n'adhèrent pas à cette doctrine.

Dociles à la demande de l'évêque, Dabillon dans la chaire de Notre-Dame, Labadie dans celle de Saint-Leu, l'un le matin, l'autre l'après-midi du 16 mars, en présence de l'évêque, du clergé, des magistrats et du peuple, condamnèrent, réprouvèrent et anathématisèrent les quatorze propositions. Procès-verbal en fut dressé, signé par les deux prédicateurs, l'évêque et plusieurs notables [1].

Paroles et écrit demeurèrent sans effet. Trois jours après, le 19 mars, une partie du chapitre réunie, sous la présidence de son doyen, ne craignit pas de signer et de remettre au duc de Chaulnes une déclaration contre l'orthodoxie des deux prédicateurs. Elle fut suivie immédiatement d'une protestation signée par les chanoines dévoués à l'évêque : Marc Guillon, Louis Pécoul, Charles Picard, Antoine Dezaleux, Jacques le François, Antoine Liépart, Pierre de Villers, Charles Miron, réunis autour du prévôt Barboteau. Suivant eux, le chapitre n'avait pas été convoqué régulièrement, une vingtaine de membres seulement sur quarante-trois, et à 8 heures du matin ! Quelle honte que ce recours au bras séculier ! s'écriait Barboteau, oubliant, dans sa sainte indignation, l'exemple qu'il avait donné lors des processions.

1. Liasse 1022, n° 8.

Le doyen de Louvencourt et ses amis ne se bornèrent pas à une simple protestation ; ils retirèrent aux deux prédicateurs leurs honoraires habituels et dans le procès qui s'en suivit, ils ne craignirent pas de rappeler que si le cardinal de Créqui, par son testament du 8 juin 1574, et Marie Ducroquet, par celui du 16 avril 1605, avaient laissé le premier une rente de 200 livres pour la station du carême et la seconde une autre de 150 pour celle de l'avent, les prédicateurs devaient être choisis d'un commun accord par l'évêque et son chapitre [1]. Il n'en était plus ainsi depuis quatre ou cinq ans et jamais le chapitre n'aurait admis des prédicateurs comme Labadie, Dabillon et le P. Le Jeune, à cause de leurs opinions qui troublent les consciences. On reproche aux chanoines ne pas assister à leurs sermons ; la plupart des corps et les compagnies les plus considérables de la ville, gens de lettres et savants, préfèrent s'abstenir. Vainement le chapitre a fait entendre des remontrances. A plusieurs reprises le théologal, de Nail, a dû monter en chaire pour réfuter les erreurs des prédicateurs [2].

Puisque les paroles s'envolent et s'oublient, l'évêque se résout à un nouveau désaveu, non plus oral mais écrit, et le 12 mars 1644 les deux prédicateurs souscrivent n'avoir jamais prêché les quatorze propositions qu'on leur reproche et qu'ils condamnent comme contraires à la foi, piété et saine doctrine de

1. P. DAIRE,, *Hist. d'Amiens* II, 132.

2. Arch. de la Somme, G 659.

l'Église catholique, apostolique et romaine. Et ils signent : Dabillon, prêtre, De Labadie, prêtre [1].

Désaveu oral ou écrit, l'effet devait être le même, puisqu'on ne croyait pas à la bonne foi de ceux que les donnaient. L'évêque ne devait pas tarder à en faire la pénible expérience. Informé que son pénitencier Barthélemi Lesieur, docteur en théologie de la Faculté de Paris, accuse Labadie d'avoir avancé des propositions erronées dans son sermon du dimanche du Quasimodo (3 avril 1644), dès le mardi suivant, 5 avril, il le fait venir au palais épiscopal. L'évêque a auprès de lui comme témoins le grand vicaire Barboteau, le promoteur Louis Pécoul qui avait dénoncé Lesieur, les chanoines Dezaleux, Liépart, Lefebvre et de Villers que nous avons toujours vus suivre le parti de l'évêque, plus le chapelain Claude Bazin et deux Pères minimes, François le Grand et Gabriel Corbonois. La présence de personnes qu'il pouvait croire hostiles, influa-t-elle sur la conduite du chanoine Lesieur ? Toujours est-il qu'il refuse toute appréciation du sermon de Labadie. A l'évêque qui le presse de répondre : « — Assez de personnes l'ont entendu, vous pouvez les interroger ».

Et comme le prélat insiste, lui représentant qu'il est seul juge des doctrines prêchées dans son diocèse : « — Je ne suis pas venu pour disputer, je n'ai rien à dire ».

Et il s'en va, sans signer le procès-verbal qui porte

1. Liasse 1022, nº 13.

les signatures de l'évêque et des personnes qui l'entouraient [1].

C'est sans doute sous l'impression de ce nouvel échec que l'évêque se décida à faire paraître une justification de sa conduite sous ce titre : *Récit véritable du procédé tenu par Monseigneur l'Illustrissime evesque d'Amiens sur quelques sermon du P. Le Juge, jésuite, avec les procès-verbaux et autres pièces justificatives pour servir de défenses aux sieurs de Labadie, prestre chanoine de l'église de S. - Nicolas d'Amiens et Me Dabillon, prestre et docteur en théologie.*

La réponse ne se fit pas attendre, également sans nom d'auteur, *par un ecclésiastique du diocèse d'Amiens* sous le titre : *Véritable déclaration des faussetez contenues dans un imprimé que l'on fait courir par tout le diocèse d'Amiens et ailleurs, intitulé : Récit véritable, etc.* [2].

Après les violences de parole, la guerre de pamphlets !

Vainement l'officialité d'Amiens ordonnait le 23 juillet à tous les curés de faire lire à leurs paroissiens le *Récit véritable* et excommuniait le 16 septembre les auteurs de la *Déclaration des faussetés* [3]. En même temps un monitoire enjoignait à tous les fidèles de faire connaître les auteurs du libelle injurieux pour l'évêque. Du 6 septembre au 8 octobre, plus de

1. Liasse 1022, n° 9.

2. Plaquettes in-4° de 16 et 28 pages. (Bibl. de Bonnault au château de Mérélessart), n°s 3955 et 3957, de la bibliog. de Henri Macqueron.)

3. Voir H. MACQUERON, *Bibliographie de la Somme*, n°s 3956 et 3958.

cinquante témoins, hommes et femmes, de tout âge et toutes conditions, défilent devant l'official Barboteau. S'ils ne révèlent pas le nom de l'auteur, ils sont unanimes à attribuer la diffusion du libelle aux Capucins et aux Jésuites. Un capucin, le P. Mathieu de Beauvais, après avoir lu le libelle devant plusieurs personnes à Amiens, en a donné un exemplaire à son oncle, le sʳ de Regnauval, maïeur de Beauvais. Madame de Regnauval, mère de ce magistrat et parente du Père de Feuguières, en a reçu trois exemplaires avec une note manuscrite qu'on croit de la main de ce jésuite. qui ne craint pas de témoigner aux Pères capucins tout le plaisir qu'il en éprouve. Plus prudent que son recteur, le P. Le Juge blâme le bruit que l'on fait autour de ce libelle dont il garde pourtant un exemplaire corrigé de sa main, avec additions et suppressions.

Dès la Saint-Jean, 24 juin 1644, un libraire d'Amiens Charles de Gouy, en avait reçu des Jésuites six exemplaires, pendant que les Capucins en remettaient trois autres à un avocat de la ville. Enfin les Jésuites n'avaient pas craint d'employer un de leurs élèves, le jeune Antoine Havet, âgé de 14 ans, pour faire la distribution aux religieux et aux curés de la ville [1]. Si tous étaient d'accord sur la distribution faite par les Capucins et les Jésuites, nul ne révélait le nom de l'auteur.

Les critiques du P. le Juge et la satisfaction de son recteur témoignée aux Capucins, d'une façon qui ressemble fort aux remerciements qu'on adresse à un au-

1. Arch. de la Somme, G 597.

teur, nous inclinent à le chercher dans l'ordre des Capucins et la lecture du libelle confirme cette impression. L'auteur déclare laisser de côté l'entrevue du recteur avec l'évêque « puisqu'il lui plaist de garder le
silence sans doute par respect pour l'évêque, malgré
le procédé de mauvaise foi dont il a fait preuve dans
son procès-verbal ». Il s'attache surtout à justifier le
P. gardien des Capucins d'Amiens, le P. Bernardin de
Lannoy et l'illustre maison des Gouffier de Crève-
cœur [1], un des plus rudes adversaires de Mgr de Caumartin. Il lui gardait rancune, disait-on, pour
avoir interdit la chaire au P. Ambroise assez auda-
cieux pour avoir écrit qu'il n'était pas plus permis de
prêcher la vérité à Amiens qu'à Londres. Tout
récemment encore, à l'automne de 1644, l'évêque,
à son arrivée à Montdidier, apprenait que le dimanche
précédent, dans l'église Saint-Pierre de cette ville,
le P. Bonaventure avait prêché contre les prédicateurs qui condamnaient la dévotion du rosaire et
des médailles. Ayant fait venir ce Père capucin
chez les Ursulines, Mgr de Caumartin lui demanda
de désigner les prédicateurs, mais le religieux prétendit n'avoir visé que quelques hérétiques de la
ville. L'évêque alors lui reprocha la diffusion du
libelle injurieux. Et ce Capucin ne craignit pas de
nier son caractère diffamatoire, soutenant la légiti-
mité de la réponse à un écrit injurieux pour son
ordre. Aussi la chaire lui fut-elle interdite dans
tout le diocèse d'Amiens (5 octobre 1644) [2].

1. Guillaume-François Gouffier, fils de Timoléon Gouffier et d'Anne
de Lannoy, abbé de Valloires, prieur d'Inglevert, puis capucin.

2. *Inventaire des Archives de la Somme*, V, 223.

Cependant, ce n'est pas les Capucins que l'évêque poursuivra, mais les Jésuites. La phrase du P. Ambroise, il l'attribue aux Jésuites et c'est eux qu'il accuse de la composition du libelle. Il semble qu'il soit dans la destinée de cet ordre de recevoir toujours les premiers coups, et à cet honneur il joint le singulier privilège de rendre la lutte plus passionnante. Ce n'est pas sans raison qu'un homme d'esprit déclarait que les *Provinciales* de Pascal, malgré leur mérite littéraire, seraient depuis longtemps tombées dans l'oubli, si elles avaient visé les Capucins au lieu des Jésuites.

Avant de suivre Mgr de Caumartin dans ses démêlés avec les Jésuites, il nous faut terminer ceux qu'il eut avec les Capucins et élucider, s'il est possible, un des points les plus délicats et les plus attristants de cette déplorable lutte.

Dabillon avait prêché l'avent de 1643 aux religieuses de Sainte-Austreberte de Montreuil, ville qui faisait alors partie du diocèce d'Amiens et où l'évêque avait eu à exercer sa patience et sa mansuétude. Suivant le P. Bernadin de Lannoy, le prédicateur n'avait pas craint de dire qu'il fallait célébrer la messe en français, qu'il n'y avait à faire aucun cas des chastetés grillées, que le pape devrait supprimer les cloîtres, que la plupart des prêtres et des religieux méritaient les galères, que la dévotion des Bénédictins et des Capucins n'était qu'apparente et tout extérieure, que la pratique du silence et de la mortification était pure folie, qu'on ne trouvait que des niaiseries dans les livres des PP. de Grenade, du Pont et Rodriguez. Toutes ces horreurs avaient fort scandalisé les bonnes religieuses, ainsi que le P. gardien l'avait appris par trois lettres écrites, non par les religieuses elles-mêmes, mais par trois ecclésiastiques de Montreuil.

Dédaignant cette distinction, l'évêque, dans son *Récit véritable*, prétendait confondre l'accusateur en produisant plusieurs lettres des religieuses. En effet le 20 février 1644, l'abbesse Charlotte de Monchy, écrivait à M. Barboteau pour l'assurer qu'aucune lettre d'elle ou de ses sœurs n'était sortie du monastère pour accuser M. Dabillon, « personne que j'honore et estime infiniment et de laquelle nous avons eu toutes les assistances que nous pouvons désirer ».

Elle s'était contentée de faire ajouter à sa signature celles de quatre discrètes : Sr Madeleine de Sarcus, prieure, Sr Françoise de la Planche, sous-prieure, Sœurs Thomasse Phelippeaux et Magdeleine le Clercq. Le 22 mars, elle renouvelle son attestation et cette fois elle y joint le désaveu signé devant notaire par les vingt-cinq religieuses, dont les noms sont presque tous bien connus dans notre pays.

Plus tard enfin, le 21 juin 1644, ayant eu à remercier l'évêque pour la faveur accordée à sa tante de franchir la clôture, elle en profite pour renouveler sa protestation contre les calomnies des Capucins [1].

En lisant ces lettres vibrantes d'une sainte indignation, à peine tempérée par une pieuse résignation, qui voit dans ces calomnies une épreuve imposée par la volonté divine ; en songeant que celle qui trace

____

1. Liasse 1022, n°s 10, 11, 12.

ces lignes de sa haute et ferme écriture et les authentique de son sceau, est Charlotte de Monchy, fille d'une Bourbon-Rubempré, non moins recommandable par sa vertu que par sa naissance, reformatrice de l'abbaye où elle a succédé à sa sœur Madeleine ; devant un tel témoignage, on est tenté de rejeter l'accusation du Père gardien des Capucins. Mais voici sa réponse dans la *Véritable déclaration des faussetés*, etc.

Les lettres accusatrices n'émanent pas des religieuses, mais de trois ecclésiastiques de Montreuil. Aussi l'abbesse a pu affirmer qu'aucune lettre de ce genre n'est sortie de son monastère ; et c'est leur prédicateur, l'oratorien Leclerc, qui lui a remontré que pour sauver l'honneur de Dabillon et de ceux qui l'emploient, elle pouvait user de cette pieuse équivoque. L'abbesse en aurait-elle eu quelque remords ? Toujours est-il qu'elle a écrit de sa main au Père gardien une lettre qui confirme l'accusation des trois ecclésiastiques, et ces quatre lettres le Père gardien les a communiquées à M. de Chaulnes, chargé par la reine d'une enquête sur cette affaire.

Nous lui laisserons le soin de trancher le débat, n'ayant pas le courage de prendre parti entre deux membres de familles illustres et alliées [1], tous deux exemplaires dans leur vie austère. Qui sait si le sacrifice de l'honneur pour le bien de la religion n'a pas paru à une âme ardente et pieuse la plus méritoire des mortifications ?

Dans cette triste lutte, l'évêque est amené à sus-

1. Henri-Marc-Alphonse-Vincent Gouffier, cousin-germain du père Gardien, avait épousé Anne de Monchy, sœur de l'abbesse.

pecter même ses collaborateurs. De Nail se serait vanté de prêcher sur la grâce contre Labadie et Dabillon. Il ne serait venu à Paris que pour les décrier auprès de la Sorbonne. Pour leur témoigner son mépris, quand il assiste à leurs sermons, il affecte de ne pas s'asseoir à sa place parmi les chanoines.

Les excuses du bon Tourangeau seraient plaisantes, si on ne le sentait profondément malheureux. C'est au secrétaire de l'évêque qu'il les adresse dans sa lettre du 23 juin 1644. Toutes ces insinuations destinées à le perdre dans l'esprit de l'évêque sont autant de calomnies de M. Barboteau. S'il ne s'est pas assis à son banc pour entendre le sermon, c'est qu'il avait oublié l'heure et se sentait en retard. Le pauvre homme, après avoir officié ce jour-là, avait dû attendre le retour de son valet qui avait assisté à la procession, et Dieu sait à quelle heure il avait dîné. N'est-il pas bien excusable ?

Voici qui est plus grave. On l'accuse (on c'est toujours Barboteau) d'avoir collaboré au libelle contre l'évêque et cela pour avoir dîné chez le doyen du chapitre, avec son frère l'archidiacre et deux Capucins dont l'un était son parent, encore qu'il n'y eut pas de Jésuite ! Aussi nouvelle lettre du 4 août 1644 au secrétaire auquel il déclare : « S'il falloit vivre longtemps dans cette vie forcée et contrainte dans laquelle je suis à présent, me condamnant à une continuelle solitude et n'osant visiter ny religieux ny séculiers de ma coignoissance, pour ne donner point de prise à ceux qui espient toutes mes actions, je leur donnerois toute la satisfaction qu'ils peuvent désirer de moy ; c'est que je me retirerois de ce diocèse et irois chercher ailleurs le repos que je ne puis icy trouver » [1].

Le repos, il ne devait pas le trouver en ce monde, même au prix de sa conscience. Pour regagner la confiance de l'évêque, il dut témoigner par écrit qu'il n'avait jamais rien remarqué de suspect dans la doctrine des deux prédicateurs. Il était ainsi en contradiction avec le rôle dont le chapitre lui faisait gloire. Mais l'année suivante, 1645, tombé malade, il fit appeler le P. de Feuguières et avant de mourir il lui avoua sa faiblesse et lui en demanda pardon [2].

Cependant Jacques de Chaulnes [3] avait terminé son enquête, interrogeant surtout les supérieurs de maisons religieuses. Le Père gardien des Cordeliers déclara avoir entendu Labadie prêcher un grand nombre d'erreurs. Le prieur des Augustins réformés rendit le même témoignage et ajouta qu'il avai dû désabuser le peuple. Le supérieur des Minimes se plaignit qu'un de ses religieux eût été séduit par les nouveautés et pour le chasser il dut réclamer le concours du bras séculier. La déposition la plus énergique fut, comme on pouvait s'y attendre, celle du Père gardien des Capucins. A l'évêque qui lui reprochait d'être l'ami des Jésuites, il répondit fièrement que tant qu'ils défendraient l'Église et la vérité, il serait de leur parti [4].

1. Liasse 1022, n°° 6 et 7.

2. Mém. du P. Rapin, I, 57.

3. Jacques de Chaulnes, sieur d'Espinay, lieutenant-général des eaux et forêts, maître des requêtes (1637), intendant d'Auvergne (1634-43), de Picardie (1643-46), un des fondateurs de l'hôpital Saint-Charles à Amiens, mort le 17 janvier 1652.

4. *Mém. du P. Rapin*, I, 56.

En bon administrateur, soucieux du repos de sa province, de Chaulnes conclut au renvoi des deux prédicateurs. Par égard pour Mgr de Caumartin, la cour consentit à lui laisser le moins compromis, Dabillon. Celui-ci fut cependant mandé à la cour pour se justifier et l'évêque protesta contre cet empiètement sur son pouvoir ; nous en avons la preuve dans les félicitations qu'il reçut à ce sujet dans une lettre que nous citerons plus loin. En tous cas, Dabillon put prêcher encore à Abbeville l'avent de 1644, car nous avons un certificat du chapitre de Saint-Vulfran en date du 13 décembre 1644, constatant l'orthodoxie de sa doctrine, suivant l'Écriture, les conciles et notamment le concile de Trente. Que valait ce certificat d'un chapitre soucieux de plaire à l'évêque et qui d'ailleurs allait montrer bientôt des tendances jansénistes ? La date seule nous importe [1].

Quant à Labadie, il aurait été chassé alors par l'évêque enfin désabusé [2]. Il avait lieu de l'être, si comme on le prétend, pendant un séjour à Abbeville chez un marchand nommé Duchesne, de la paroisse Saint-Gilles, Labadie avait débauché une jeune fille et abusé des religieuses Bernardines. Mais comme il est faux que l'évêque ait alors retiré sa confiance à Labadie, il est inutile de charger la mémoire de ce misérable de ses désordres douteux.

Labadie ayant dû quitter Amiens où la position

1. H. Macqueron, *Doc. inéd. relatifs à l'histoire du chapitre de Saint-Vulfran*, p. 133.

2. Suivant ses principaux biographes et même le P. Rapin, que réfute sur ce point son savant éditeur Léon Aubineau, p. 57, note 2.

n'était plus tenable après l'enquête de l'intendant, s'était réfugié à Paris, en attendant de retourner dans son pays ; et l'évêque, loin de l'avoir chassé, songeait encore moins à le faire arrêter, comme on l'a prétendu, sans doute pour le disculper de son étrange aveuglement. Les mémoires du temps nous le montrent au contraire patronant son ancien prédicateur, cherchant à lui ouvrir de nouvelles chaires dans les églises de Paris [1]. Se méfie-t-on des mémoires des contemporains plus ou moins partiaux, nous avons deux lettres qui nous éclairent sur les sentiments de notre prélat.

La première, non signée, lui est adressée de Paris le 13 octobre 1644. Après quelques renseignements qui ne laissent aucun doute sur les sentiments jansénistes de l'auteur, celui-ci ajoute : « Le bruit du voyage de M. de Saint-Nicolas continue et celui que vous connoissez espère l'accompagner. Si cela est, je sçai qu'ils seront ravis de vous servir. Tenez-moi je vous prie de ce nombre et me croyez [2]... »

M. de Saint-Nicolas, suivant le langage de l'époque, c'est Labadie comme Saint-Cyran désigne Duvergier, ou Brantôme Pierre de Bourdeille ; et l'auteur de cette lettre, également dévoué à l'évêque, espérant accompagner M. de Saint-Nicolas, ne serait-ce pas son ancien compagnon, Dabillon ? Quoi qu'il en soit, pour écrire ainsi à l'évêque, il fallait savoir.

1. Notamment à la Visitation de la rue Saint-Antoine, où au dernier moment la mère de Fontaines le remplaça par un Jésuite. (*Vie de la Mère de Fontaines.*)

2. Liasse 1022, n° 14.

que M. de Saint-Nicolas jouissait toujours de sa confiance et de sa protection.

Comment doivent-elles se manifester ? C'est ce que conseille à l'évêque une autre lettre un peu antérieure, signée de l'oratorien Arcy, fils unique du marquis d'Arcy et de Louise de Mailly, directeur du séminaire de Sens sous Mgr de Gondrin, prélat bien connu pour ses opinions jansénistes et ayant grand besoin de leur demander un brevet de vertu. L'Oratorien, non moins janséniste que son maître, informé par une lettre du P. Lejeune des persécutions que souffre l'évêque d'Amiens, se déclare prêt, pour le servir, à risquer la Bastille, mais il ajoute prudemment qu'il leur nuirait plus en parlant qu'en se taisant. Par contre, il lui conseille, de l'avis de personnes pieuses et dévouées, de « faire au plus tost retirer, en lieu secret et assuré, celui qu'on veut faire représenter et puis venir ici en diligence, parler avec la force de celui dont nous célébrons aujourd'hui l'octave, et tesmoigner que vous perdrez plus tost tout et la vie mesme que de le livrer ainsi, soustenant que vous seul estes son juge... vous pourrez aussi convier Messeigneurs les prélats vos confrères afin qu'en cette cause commune, ils vous viennent ayder. Je pense que si vous en escriviez à Mgr de Sens, qu'il pourroit revenir de son diocèse ; et quand personne ne ayderoit, ce que je ne permettes, celuy-là vous aydera, avec lequel vous pourrez tout [1]... »

Mgr de Caumartin demanda-t-il l'assistance de

----

1. Liasse 1022, n° 22 ; la lettre n'est point datée mais l'octave de saint Jean-Baptiste est le 2 juillet, un vendredi, en 1644.

l'archevêque de Sens, je l'ignore, mais tout naturellement celle de son métropolitain l'archevêque de Reims, Léonor d'Estampes de Valencay, car nous avons la réponse de ce prélat datée du 24 janvier 1645. A cette date il n'est plus question de Labadie qui, définitivement sorti du diocèse d'Amiens, s'est réfugié dans celui de Bazas. Si l'évêque lui conserve son affectueux intérêt, comme nous le verrons bientôt, il n'a plus à le défendre. C'est alors Dabillon qui cause ses soucis, et plus encore peut-être ses démêlés avec les Jésuites, conséquence de son aveugle attachement à ces dangereux prédicateurs.

La lettre de l'archevêque commence ainsi :

« Monseigneur, j'ay receu la vôtre et les copies des lettres du Roy touchant le s^r Dabillon. Je vous suis sensiblement obligé de l'avis qu'il vous plaist me donner de cette affaire qui est de trez grande importance... Il est de nostre debvoir de maintenir l'Église et c'est pour cela que dans l'occasion qui se présente, dont vous m'escrivez, je m'empresserai de très bon cœur et avec zèle pour soustenir une cause si juste et si importante » [1].

Le reste n'est que protestations d'attachement et d'amitié entremêlées de son propre éloge sur tout ce qu'il a fait pour sa province. Nulle allusion aux Jésuites, bien qu'il soit difficile de supposer que Mgr de Caumartin n'eut rien dit à son métropolitain de la lutte engagée contre eux.

Comme Labadie, Dabillon allait quitter le diocèse et, plus heureux que son confrère, abjurer ses erreurs

---

1. Liasse 1022, n° 15.

pour finir pieusement, vers 1664, curé de Magné, dans le diocèse de Saintes [1]. Les deux prédicateurs partis, les ferments de discorde qu'ils avaient allumés n'étaient malheureusement pas éteints.

A la suite de l'enquête sur le libelle dont on avait excommunié les auteurs, sans les connaître, malgré la comparution de plus de cinquante témoins, l'official Barboteau avait, le 10 octobre 1644, cité devant son tribunal les PP. de Feuguières et Le Juge, mais, faute de preuves sans doute, non pour répondre du libelle incriminé, mais au sujet du fameux sermon de la quinquagésime flétrissant les deux prédicateurs chers au cœur de l'évêque. Après une sommation renouvelée par huissier, les deux Jésuites furent condamnés par défaut. Ils en appelèrent alors au Conseil du roi, comme de juge incompétent, et fort sagement, suivant nous, en une matière ecclésiastique le Conseil ordonna aux parties d'avoir à se pourvoir devant le pape dans un délai de quatre mois, avec défense jusque-là d'inquiéter en rien les Jésuites. Le pape Innocent X désigna pour régler cette affaire l'évêque de Senlis [2], adversaire déclaré des jansénistes. Prévoyant la sentence d'un tel juge, le promoteur d'Amiens, Louis Pécoul, en appela au parlement qu'on savait peu favorable aux Jésuites ; mais ceux-ci parèrent le coup en obtenant

1. Cette paroisse possédait un petit chapitre composé d'un doyen, d'un chantre et de cinq chanoines. Expilly.

2. Le pape avait désigné, le 23 décembre 1644, les évêques de Senlis (Nicolas Sanguin), de Lavaur (d'Abra de Raconis) et de Meaux (Séguier) où l'un d'eux, et finalement l'évêque de Senlis en fut chargé.

des lettres d'évocation basées sur le grand nombre de parents que Mgr de Caumartin comptait au parlement.

Deux jours après (17 juillet 1645), l'évêque se présentait à l'assemblée du clergé de France tenue dans le couvent des Augustins de Paris et présidée ce jour-là par l'archevêque de Narbonne [1]. Reçu par les évêques de Grasse [2] et de Saint-Brieuc [3], il prend place à son rang suivant son ancienneté dans l'épiscopat et demande l'appui de la compagnie dans une affaire qui lui est personnellement très sensible et qui n'affecte pas moins les intérêts du clergé. Sa personne a été diffamée, la dignité épiscopale méprisée, l'honneur de l'Église violé, l'ordre de la hiérarchie perverti, toute juridiction détruite.

Il expose que l'an dernier on a distribué à Paris et ailleurs un libelle contenant quatorze propositions hérétiques attribuées aux deux prédicateurs prêchant dans son diocèse par son ordre et sous son autorité. Non content de diffamer ces deux prédicateurs, on a osé prétendre que l'évêque approuvait leurs doctrines. Pour réfuter ces calomnies, il a fait imprimer le *Récit véritable*, auquel les Jésuites n'ont pas craint de répondre par un libelle injurieux où ils vont jusqu'à prétendre que les prédicateurs orthodoxes n'avaient pas plus de liberté à Amiens qu'en Angleterre. Informé de ces faits, il a chargé son official d'ouvrir une enquête et plus de cinquante té-

1. Claude de Rebé.

2. Antoine Godeau.

3. Denis de la Barde.

moins ayant affirmé que cet écrit a été publié et déposé par les Jésuites, l'official a, le 10 octobre 1644, cité devant son tribunal les PP. de Feuguières et Le Juge.

Avant de continuer la lecture du discours de l'évêque, il faut remarquer les inexactitudes qui lui échappent, pour ne pas dire pis. A lire les deux factums, on reconnaît que la phrase sur la liberté en Angleterre n'est pas d'un Jésuite, mais d'un Capucin, le P. Ambroise. L'enquête n'a nullement attribué aux Jésuites la paternité du libelle mais sa diffusion ; aussi Barboteau n'a pas invoqué ce grief quand il a cité les deux Jésuites et l'assignation donnée au P. le Juge confirme encore qu'il en est réduit à viser le sermon de la quinquagésime.

Il serait fastidieux d'analyser ce discours qui relate les incidents d'un procès que nous connaissons déjà, si la façon dont l'évêque les apprécie ne nous révélait une singulière mentalité chez le clergé de l'époque. Ainsi il s'indigne qu'en une matière purement ecclésiastique le conseil du roi ait reçu l'appel des Jésuites et ait renvoyé les parties devant le pape. Quand son official, pour s'opposer à l'exécution du bref pontifical, fait appel au parlement, il oublie que c'est assurément une matière purement ecclésiastique et il ne songe qu'à faire condamner les Jésuites par le parlement. Nul dans l'assemblée ne trouve étrange la conduite de cet évêque qui récuse l'autorité du pape pour invoquer celle de juges laïcs. Loin de là, après que Mgr de Caumartin s'est retiré, l'assemblée rend hommage au zèle de l'évêque pour défendre les droits de l'Église et elle conclut que dans une affaire, qui touche aux fonctions épiscopales, les évêques ne peuvent pas, dans leur ressort, recevoir de lettres d'évocation sous prétexte de parenté. En conséquence, l'assemblée, embrassant de tout son pouvoir la cause de l'évêque d'Amiens, décide de faire une démarche auprès du chancelier, au besoin de solliciter M. le Prince (père du grand Condé) et surtout Mazarin, afin de faire révoquer les lettres d'évocation.

L'affaire reparaîtra dans les procès-verbaux des séances de l'assemblée les 11 et 23 août, les 3 et 14 octobre et le 15 novembre 1645. L'archevêque de Toulouse [1] et l'évêque de Saintes [2] sont spécialement chargés de suivre l'affaire et de solliciter Mazarin. L'archevêque d'Arles [3] rend compte de son voyage à Fontainebleau où il a vu le chancelier et Mazarin ; celui-ci, comme toujours, lui a donné de bonnes paroles et la promesse de chercher tous les moyens de contenter le clergé. C'est également ce que rapporte l'évêque d'Amiens à la séance du 15 novembre. L'habile Italien lui a offert de terminer l'affaire par un accommodement qui sauvegarderait les intérêts des prélats et l'autorité de l'Église, mais l'assemblée ne veut pas de cette *combinazione* et décide de continuer ses instances, tout en demandant à Mazarin d'user de son crédit auprès des juges [4].

1. Charles de Montchal.

2. Jacques Raoul.

3. François-Adhémar de Monteil de Grignan.

4. *Procès-verbaux de l'assemblée du clergé* (1645-46), p. 129-32 ; 203 ; 238 ; 378 ; 394 ; 449 ; 552 ; 783 ; Bibl. Nat., Ld 5/184.

L'affaire occupe encore le clergé l'année suivante (1646). Le 24 janvier, l'assemblée insiste sur les conditions imposées aux Jésuites par le synode de Poissy en 1561 et renouvelées lors de leur établissement à Amiens, le 1er octobre 1607, qui les soumettent à l'ordinaire. Le 15 juin, le chancelier se refuse encore à trancher le différend, avant le retour du roi, et Louis XIV n'a pas huit ans !

Finalement toute cette procédure fut annulée, et par arrêt du 31 juillet 1646, les choses furent remises en l'état avant l'arrêt du 27 octobre 1644 qui avait renvoyé les partis devant le Saint-Siège [1] ; l'évêque triomphait et le P. Rapin lui fait honneur d'avoir renoncé à toutes poursuites contre les Jésuites. Que ne pouvait-il en même temps abandonner ses idées jansénistes !

Les ennuis que Mgr de Caumartin venait d'éprouver ne l'avaient pas guéri du désir d'attirer dans son diocèse des étrangers remarquables sans doute par le talent mais de doctrine équivoque. C'est ainsi que pour remplacer son théologal de Nail, mort en 1645, il s'adressa au plus célèbre prédicateur du parti janséniste, le P. Desmares, qui serait aujourd'hui bien inconnu sans le vers de Boileau :

Desmares, dans saint Roch, n'aurait pas mieux prêché.

Et encore l'autorité du sévère critique est-elle contestable, tant sa ferveur janséniste a pu altérer son goût. Au dire des Oratoriens ses confrères, la

---

1. *Actes, titres et mémoires du Clergé de France*, t. III, p. 132. Bibl. Nat., Ld 5 /8.

pensée chez le P. Desmares n'avait pas toujours autant de force et de profondeur que sa parole avait d'éclat, et nous verrons, de l'aveu d'un de ses partisans, que son caractère n'était pas à la hauteur de son talent.

Né à Vire, précepteur des enfants de Charles de Longaunay, gouverneur de Carantan, ayant achevé ses études chez les Jésuites de Caen, il tenait de ses attaches normandes une grande adresse sous une apparente candeur, car, ajoute le P. Rapin, la distinction n'est pas toujours facile avec les Normands. Déjà prêtre quand il fut reçu à l'Oratoire par le P. de Condren, il sut se modérer tant que vécut ce sage supérieur, mais après sa mort (7 janvier 1641), il prêcha hardiment les idées nouvelles et effraya le roi au point qu'il lui fit interdire la chaire pour le carême de 1643. Il était donc suspect, quand l'évêque d'Amiens lui offrit la charge de théologal.

Le 17 janvier 1646, Desmares écrit de Paris à Mgr de Caumartin pour s'excuser de son long silence et avoue très franchement que ce n'est le fait, ni de ses indispositions ni de ses travaux. « Ils ne sont pas tels qu'ils ne me laissassent bien quelques heures... mais depuis que j'ay eu l'honneur de vous voir tant de personnes de qualité et de mes plus intimes amis, ayant été averti de mon dessein, y ont mis tant d'opposition, qu'il m'a fallu beaucoup de temps pour vaincre leur insistance et faire les choses de leur bon gré ». Cependant il annonce à l'évêque qu'il a résigné son bénéfice et qu'il compte bien aller le rejoindre pour travailler dans son diocèse, une dizaine de jours après Pâques, soit environ dans trois mois, Pâques étant cette année-là le 3 avril [1].

Certains bruits relatifs à cette cession de bénéfice ont inquiété l'évêque ; Desmares lui écrit de nouveau le 7 février, cette fois du bois de Vincennes, où il s'est retiré pour préparer ses sermons de carême. Il confirme son intention de se rendre auprès de l'évêque. « Durant les travaux de la prédication, ma plus grande consolation est de penser que mon temps approche et que je seray bientôt auprès d'un prélat qui a tant de zèle pour la piété et la saine doctrine [2] ».

Les fêtes de Pâques sont terminées et Desmares ne s'annonce pas. L'évêque lui rappelle sa promesse. A-t-il répondu ? On peut en douter, car l'évêque alors s'adresse au P. du Carrouge, chartreux du couvent de Vauvert, à Paris, un des chefs jansénistes et dont la cellule, aux dimensions inusitées, réunissait souvent les membres influents du parti.

Dans une première lettre du 9 avril, le chartreux excuse le retard de Desmares et même son hésitation à se rendre à Amiens, pour ne pas faire le jeu des Jésuites qui voudraient l'éloigner de Paris. On n'attend que son départ pour publier deux lettres contre sa doctrine, ce qu'on n'ose tant qu'on le sait sous la protection de l'archevêque [3] ; aussi celui-ci lui a-t-il défendu de s'éloigner et de coucher hors Paris. Desmares ne pourra donc pas être à Amiens dimanche, comme vous le lui aviez prescrit dans votre dernière lettre [4].

1. Liasse 1022, n° 16.
2. Liasse 1022, n° 17.
3. Jean-François de Gondi, premier archevêque de Paris.
4. Liasse 1022, n° 18.

L'évêque insiste et sans doute soupçonne le P. du Carrouge d'être du nombre de ceux qui dissuadent Desmares de tenir sa parole, car le 16 avril le Chartreux écrit de nouveau à l'évêque et cette lettre, d'un ardent janséniste marque d'un trait si net la physionomie du fameux prédicateur qu'on me permettra de la citer largement :

« L'on m'amena ledit Père à qui je représentay non seulement ce que vous m'avez spécifié, mais comme il a porté l'Évangile si haut dans ses prédication. Je luy remontrai la Providence divine qui veille tousjours sur sa parolle et qui ne permettra jamais, s'il devoit faire un si grand fruit à Paris, que l'on luy en interdit l'entrée ; que si la chose arrivoit, ce seroit un manifeste indice que Dieu vouloit que le talent qu'il luy avoit communiqué, fut dépensé au profit du peuple d'Amyens ; qu'il n'est que l'administrateur d'un si grand don et que ce n'estoit pas à luy d'en faire l'application... Que je ne voyois en ceste affaire que des considérations purement humaines qui devroient estre au-dessous d'un prédicateur si célèbre... M. de Bernières [1], qui estoit présent, vous pourra dire qu'il ne répliqua rien, sinon que ses amis ne luy conseilloient pas d'entendre à la théologale de vostre église, et quoique ce maistre des Requestes eut le mesme sentiment que moy, cela ne servit qu'à le rendre tellement abbatu et mélancolique qu'il ne luy sonna mot en le ramenant à l'archevêché. Il revint deux jours après avec la mesme compagnie,

1. Charles Maignart de Bernières, conseiller au parlement, maître des requêtes, fort considéré à Port-Royal, mort exilé à Issoudun en 1662.

me faisant paroistre qu'il s'estoit aucunement rendu à ce que je luy avois dit... Je n'ay jamais vu une semblable irrésolution, car il veut et ne veut pas. Si vous l'aviez veu dans cest estat, comme je ne l'ay guères veu autrement, vous ne diriez pas que je me suis laissé gaigner aux raisons d'autruy que je n'ay jamais approuvées. On l'abat encore du peu d'intelligence qu'il y a entre vous et Messieurs de votre chapitre et que les R. P. Jésuites ont emporté sur vous tout le plus qu'ils pouvoient prétendre, qui est l'éloignement de ces deux prestres qu'ils disent que vous n'avez pu maintenir contre leurs cabales ».

Après ce récit le P. du Carrouge a le droit de conclure : « Vous n'avez jamais considéré le R. P. des Mares dans le foible que Dieu luy a laissé pour contrepeser la sublimité du talent qu'il a mis en luy pour la distribution de sa parole ». Aussi conseille-t-il à l'évêque de ne pas s'obstiner à vouloir prendre comme théologal un homme aussi faible et irrésolu, qui abandonnera son poste à la première difficulté pour se retirer en Normandie [1].

Voilà comment la Picardie n'eut pas le dangereux honneur d'entendre dans la chaire de sa cathédrale le plus fameux prédicateur janséniste, dont le caractère n'était pas à la hauteur du talent. Il en donna la preuve en d'autres occasions, notamment lors de sa honteuse reculade devant le P. de la Barre, ce qui lui fit appliquer ironiquement ce verset des psaumes :

Quid est tibi, mare, quod fugisti ?

1. Liasse 1022, n° 20.

Privé du concours de Desmares, Mgr de Caumartin resta fidèle aux doctrines jansénistes. Lors des obsèques de Saint-Cyran il ne s'était pas contenté, comme tant d'autres, y compris Vincent de Paul, d'y assister, mais il avait célébré la messe. Après avoir approuvé *La Fréquente communion* d'Arnaud, il fut des onze prélats qui, à l'encontre de quatre-vingt-cinq évêques de France, supplièrent le pape, en 1651, de surseoir à toute condamnation des cinq propositions. On sait comment Innocent X y répondit par la condamnation du 31 mars 1653, mais cette fois notre évêque eut le grand mérite d'obéir. Cette même année, frappé d'une attaque d'apoplexie, mal qui emporta nombre des siens, il put encore déclarer, avant de mourir, le 27 novembre, « qu'on l'avait trompé sur la nouvelle doctrine, qu'il abjuroit, voulant mourir enfant de l'Église ; et il pria sa famille d'estimer et de considérer le P. de Feuguières comme un homme estimable qu'il avoit autrefois maltraité fort injustement » [1].

Rapproché de cet acte suprême, son testament du 30 avril 1648 nous révèle les évolutions de sa pensée. Demandant aux Jésuites leurs prières, il protestait « n'avoir eu de différens avec deux que pour la deffence de la hiérarchie et la protection due à l'innocence de quelques prédicateurs, leur remettant de très bon cœur les injures et le mal qu'ii me peuvent avoir procuré » [2].

Aussi, en 1648, Mgr de Caumartin croyait encore

1. P. Rapin, I, 527.

2. *Inv. des Archives de la Somme*, V, 245.

à la vertu des deux prédicateurs dont il s'était follement entiché. Plus tard, ses yeux finiront par s'ouvrir, et pour ce motif il nous reste à faire connaître la triste fin de l'homme qui avait si gravement troublé le diocèse.

Nous avons laissé Labadie à Paris, à la veille de se réfugier à Bazas où le suivront les suspicions de la cour et la persistante confiance de l'évêque d'Amiens. Nous en avons la preuve dans une lettre adressée à Mgr de Caumartin, sans date, avec une signature qui a été coupée, double inconvénient auquel nous tâcherons de remédier.

L'auteur se dit « un prestre de Jésus-Christ ». Il est du diocèse de Bazas puisqu'il appelle l'évêque de ce diocèse « mon dit Seigneur ». C'est un ardent janséniste d'après les renseignements qu'il donne et grand ami de Labadie auquel il est « tout à fait joint d'esprit » ; peut-être même est-ce l'archidiacre de Bazas qui, pendant plusieurs mois, lui a donné l'hospitalité [1]. En ce cas, on s'explique cette signature coupée, sans doute après l'apostasie de Labadie, pour ne pas compromettre la réputation de son trop confiant ami.

La date nous est indiquée par les événements auxquels il est fait allusion, l'arrêt du parlement de Bordeaux contre l'évêque de Bazas, le 16 janvier 1645 et la mort de ce prélat au mois de mai suivant [2].

1. *Biographie* de Labadie.

2. La date de cet arrêt est indiquée par l'arrêt du privé conseil du roi qui le casse sur le rapport du conseiller Talon. *Actes, titres et memoires concernant les affaires du clergé de France* (1645-46), III, 36. Bibl. Nat., *Ld.*, 5 /8.

4.

Inconnu de l'évêque d'Amiens, l'auteur s'excuse de lui écrire sur « l'inclination pour sa personne que lui a communiqué M. de Labadie et aussi pour remplacer ce dernier empêché par ses affaires et la maladie. » Il croit devoir rappeler à l'évêque que Labadie lui a écrit à deux reprises et l'a ainsi mis au courant de l'ordre qu'il a reçu de se rendre à la cour et des nouvelles persécutions qu'il a subies de la part des Jésuites et des Capucins ennemis de l'archevêque de Bordeaux [1] et de l'évêque de Bazas [2]. « Ce ne sont en somme que quelques Capucins détestés, désavoués et corrigés pour cela de leurs supérieurs, (trois en nombre) et trois ou quatre laïques parents des Jésuites aiant déposé par commission de la justice séculière contre luy (Labadie) touchant la doctrine et les scandales prétextés. Le parlement a décrété ajournement personnel contre luy, qui lui fut signifié, estant au lit malade, le neufviesme janvier (1645), tout estant en rumeur à Bordeaux et ici. Sur quoy tout le monde semblant en peine, hors luy, il luy arriva heureusement de Bordeaux une lettre de Monsieur le Premier Président, le priant avec toute sorte d'affection, s'en venir au plustot à Bourdeaux, sur sa parole et en toute seureté pour affaire impor-

1. Henri d'Escoubleaux de Sourdis, 3e fils de François, marquis d'Allery et d'Isabelle Babou de la Bourdaisière, né en 1594, sacré archevêque de Bordeaux en 1639 par son oncle, le fameux cardinal de Sourdis, mort à Auteuil le 18 juin 1645, un des approbateurs de la *Fréquente Communion*.

2. Henri Litolphi-Maroni, d'une famille originaire de Mantoue, fils du marquis de Suzarre, né à Granville près Évreux, abbé de Saint-Nicolas-aux-Bois, diocèse de Laon, sacré évêque de Bazas le 8 juin 1634, mort à Toulouse en mai 1645.

tante qu'il avoit à luy communiquer, ce qu'il fit dès le lendemain ».

Subitement guéri par cette assurance, Labadie le lendemain se rendit à Bordeaux où l'archevêque lui donna l'hospitalité « dans sa maison comme dans un asyle, à cause du grand danger qu'il pourroit courir dans Bourdeaux où les Jésuites avoient prévenu et esmu tout le monde. Monsieur le Premier président, l'ayant receu avec tout honneur et affection, luy donna la lettre du Roy, le priant d'y obéir, ce que Monsieur de Labadie promit, estant trop bon subject du Roy pour n'y pas déférer ; seulement demanda-t-il quelque delay pour remettre un peu sa santé intéressée, mettre quelque ordre à ses affaires et se disposer ainsi au voyage si tost que ses forces le pourront permettre ».

Il n'en fera rien. Il ne cherche qu'à gagner du temps, fidèle à l'avis de ses protecteurs et à la tactique janséniste. Continuons la lecture :

« L'avis des évêques de la région est de ne pas faire de bruit, en attendant la prochaine assemblée du clergé où l'archevêque de Bordeaux les évêques d'Aire et de Bazas ne manqueront pas d'apporter de bons mémoires pour se plaindre des violences du siècle (c'est-à-dire des Jésuites, tant réguliers que laïcs). En attendant l'archevêque de Bordeaux a rendu une ordonnance dans laquelle, « reprenant tous les excès qu'ont commis contre lui les Jésuites, il en prend subject de leur interdire toutes directions, confessions, prédications, instructions et mesme célébrations de messes en toutes les églises et chapelles de sa jurisdiction, avec deffences très expresses à tous ses diocésains de se servir d'eux [1] ».

L'auteur de cette lettre sait que Dabillon a reçu de la cour un ordre semblable à celui qui vient d'atteindre Labadie [2] et que Mgr de Caumartin a fait une réponse digne d'un évêque, et sans doute fera-t-on de même ici dans une situation analogue. Car s'il faut craindre le parlement de Bordeaux, à Amiens le voisinage de la cour n'est pas moins redoutable, mais que « Messieurs nos seigneurs les évesques écrivent en cour et croit-on que les lettres porteront coup, estant escrites de bonne ancre... Le temps et le délay remédieront sûrement aux affaires qu'il ne faut point précipiter... Il n'est pas toujours bon de se faire trop voir à ceux qui le veulent et on est prins toujours assez tost » [3].

Labadie devait perdre bientôt ses deux protecteurs : l'archevêque de Bordeaux, mort le 18 juin 1645 et l'évêque de Bazas au mois de mai précédent.

1. L'archevêque de Bordeaux était coutumier de ces mesures de basse jalousie. Par ordonnance des 22 mars et 28 avril 1644 il avait voulu enlever aux réguliers le droit de confesser et de donner la communion aux fidèles, du dimanche des Rameaux au dimanche de Quasimodo, mais, sur le rapport de la congrégation des cardinaux interprètes du concile de Trente, le pape Innocent X avait fait droit aux réclamations des religieux de la ville de Bordeaux par sa bulle du 7 février 1645, et le Conseil du Roi, prescrivant, le 25 mars, l'exécution de cette bulle, nous fait connaître les différents religieux visés : Frères prêcheurs, Augustins, Récollets, Carmes déchaussés, Jésuites, Minimes, Pères de la Merci. (Bibl. de Marseille, ms. L 6, 205, f° 398.)

2. Cette double injonction est mentionnée dans le rapport de l'évêque de Grasse à l'assemblée du Clergé, le 28 novembre 1645.

3. Liasse 1022, n° 23.

Mais il saura se concilier la faveur de l'archevêque
de Toulouse, Mgr de Montchal [1], un des prélats qui ont
approuvé la *Fréquente communion* d'Arnaud. Est-ce
communauté d'idées jansénistes ou simple don de
séduction dont ce Gascon est merveilleusement doué ?
Toujours est-il qu'il obtint du prélat, peu perspicace,
la direction des religieuses du Tiers ordre de Saint-
François, à Toulouse. Sous prétexte de les ramener
à l'innocence de l'Eden, il les engagea à assister à ses
sermons, telles qu'Eve eut honte de se voir après le
péché. Le parlement de Toulouse, informé de ces
honteuses folies, voulut faire saisir cet étrange
aumônier et l'envoyer au bûcher, mais il put se déro-
ber par la fuite et il alla se cacher chez les ermites
de la Graville, dans le diocèse de Bazas.

Ici encore l'irrésistible séducteur enjôla les Pères
carmes qui l'avaient recueilli. Prétendant renchérir
sur leurs pratiques de dévotions, il se créa un noyeau
de disciples, sorte de communauté nouvelle, qui causa
dans l'ancienne de tels désordres que le nouvel
évêque de Bazas, Samuel Martineau, dut intervenir
et même réclamer la force armée. Devant cette menace
Labadie disparut et se réfugia dans le voisinage,
au château de Castels, chez Jean de Favas, gentil-
homme huguenot qui, comme député des églises
réformées, avait joué un rôle plus violent qu'utile
à ses correligionnaires. Labadie y resta plusieurs
mois durant lesquels il eut de fréquents entretiens
avec un ministre protestant, puis après un séjour

1. Charles de Monchal, né en 1589, archevêque de Toulouse (1628),
mort en 1651 ; il approuva la *Fréquente communion* d'Arnauld à deux
reprises, en 1644 et 1646.

à l'armée auprès de son frère le capitaine Labadie, séjour sur lequel nous manquons de renseignements [1], il vint s'échouer à Montauban où, le 16 octobre 1650, il fit profession publique de foi calviniste. Et il ne craignit pas d'ajouter que telle était sa croyance depuis quinze ou vingt ans, puisque, janséniste, il professait déjà la même doctrine.

Ces détails nous sont fournis en grande partie par une émouvante lettre d'un Carme de la Granville, le P. Antoine Sabé. Le 26 novembre 1650, il écrit à Labadie qu'il se refuse à croire apostat celui qui lui a inspiré tant de confiance ainsi qu'au bon P. Silvestre mort si saintement le 4 octobre. Il lui rappelle son arrivée à la Graville portant sur lui dans une croix d'argent une hostie consacrée qu'il fit consommer par le P. Bouvée, le premier jour de l'an, et qu'il remplaça par une autre également consacrée, afin d'avoir toujours sur lui le Saint-Sacrement. Une telle conduite, si contraire qu'elle soit aux lois de l'Église, ne témoigne-t-elle pas de votre foi en l'eucharistie ? Auriez-vous oublié cette voix mystérieuse qui, le 30 décembre, s'élevait de l'hostie que vous teniez en vos mains et répétait les paroles de la consécration pour vous faire connaître (vous l'avez noté dans votre journal) que, vous et vos disciples, vous étiez le corps mystique de Jésus-Christ, comme son véritable corps était entre vos mains. Plus tard, le samedi 12 février, n'avez-vous pas annoncé à mon compagnon qu'il allait être au moment de la consécra-

---

1. Si ce séjour eut lieu, il fut forcément très court, car à la fin d'août 1650 il était encore au château de Castels. (Lettre du P. Antoine Sabé dont nous allons parler.)

tion transformé en Jésus-Christ, comme le pain et le vin l'étaient en son corps et en son sang ? Et le lendemain 13 février, anniversaire de votre naissance, n'avez-vous pas dit la messe du Saint Nom de Jésus qui était celui que vous aviez pris en religion ?

Non content de porter l'habit des Carmes depuis le 8 décembre, fête de la conception de Notre-Dame, vous avez encore voulu le recevoir solennellement le 1er janvier suivant, et ce jour-là, vous avez distribué à ceux de vos confrères engagés à vous suivre dans votre mission, des manteaux semblables au vôtre que vous aviez fait venir de Toulouse. Cette mission vous avait été révélée, disiez-vous, dans une vision surnaturelle pendant la nuit du 10 décembre. Vous l'avez même raconté dans un cantique de votre composition. Non content de dire la messe chaque jour, vous la faisiez chanter, même en dehors des jours de fête ; vous multipliez les dévotions, les processions, les bénédictions de pain, de sel et même d'herbes, toutes choses qui semblent autant de superstitions aux yeux des calvinistes.

Aussi, malgré la découverte de vos papiers nous révélant combien vous nous avez abusés, malgré nos lettres restées sans réponse, malgré le bruit de votre abjuration, je ne puis y croire. Comment auriez-vous pu vous déclarer huguenot depuis quinze ou vingt ans ! Si pareille parole vous a échappé, ce ne peut être que pour vous concilier le parti où vous vous êtes jeté pour échapper à la justice de l'Église. Mais c'est une mère, elle vous tend les bras prête à pardonner. Vous pouvez compter sur la bonté et l'indulgence de l'évêque, qui nous a tirés de nos égarements, croyez en notre expérience [1].

Cette lettre aussi touchante que naïve resta sans réponse, comme celles que les bons ermites avaient adressées précédemment au château de Castets. Labadie était ouvertement un apostat. Plus dur pour les jansénistes que les jésuites eux-mêmes, il osait écrire que le jansénisme était le grand chemin du calvinisme.

Les jésuites pouvaient triompher. Jamais ils n'avaient fait à leurs adversaires de reproche aussi sanglant qu'un tel aveu. Vincent de Paul pensait de même. Le 23 avril 1651 il écrivait à l'évêque de Luçon : « L'exemple d'un nommé Labadie est une preuve de la malignité de cette doctrine. Par un livre qu'il a fait de sa prétendue conversion, il déclare qu'ayant été janséniste, il a trouvé que la doctrine qu'on y tient est la même que celle qu'il a embrassée. En effet les ministres se vantent dans leurs prêches, parlant de ces gens-là, que la plupart des catholiques sont de leur côté et que bientôt ils auront le reste ». Aux yeux du même saint, Labadie était un personnage assez dangereux, pour qu'il écrivit à la reine régente, le 5 septembre 1652, sur la demande de l'évêque de Montauban, afin d'empêcher que Labadie fut nommé ministre. Ce fut en vain, et ce furent les propres folies de Labadie qui le firent chasser de Montauban, comme plus tard d'Orange, de Genève et de Hollande. Elles le conduisirent à Altona où il mourut dans les bras d'un bas-bleu

1. *Lettre du P. Antoine Sabé*, 8 p. in-4°. Bibl. de Mérélessart.

de l'époque, mademoiselle Schurman, qu'il avait, dit-on, épousée. Aussi les auteurs protestants, notamment Samuel des Marets, sont assez durs pour cet intrigant orgueilleux et compromettant.

D'après le P. Rapin, les premiers germes du jansénisme qu'il avait jetés en Picardie ne tardèrent pas à disparaître dans l'esprit d'un peuple peu curieux de ces sortes de nouveautés et naturellement bon et simple. Retenons ce jugement comme un hommage au bon sens de nos pères, bien que les événements aient donné tort au trop confiant Jésuite. La paix d'Alexandre VII, ainsi qu'on la nomme, n'était qu'une trêve, les passions n'étaient pas éteintes, elles éclateront plus terribles au commencement du xviiie siècle, et le jansénisme gardera des fidèles en notre province jusqu'au milieu du xixe siècle. Sans doute il ne sera plus question de subtilités théologiques. Pasteurs et fidèles se reconnaîtront à leurs allures austères, à leur éloignement des sacrements, à leur méfiance vis-à-vis de Rome, à leur hostilité contre certains ordres religieux. Les hommes de mon âge ont connu ces curés, irréprochables dans leurs mœurs, aussi rébarbatifs d'aspect que de doctrine, peu faits pour enseigner le chemin de l'Église et aplanir les voies du salut.